Adolf Merkl

Fortsetzung der Bemerkungen über speziellen Teil des Entwurfes eines Strafgesetzes über Verbrechen und Vergehen

Adolf Merkl

Fortsetzung der Bemerkungen über speziellen Teil des Entwurfes eines Strafgesetzes über Verbrechen und Vergehen

ISBN/EAN: 9783744601603

Hergestellt in Europa, USA, Kanada, Australien, Japan

Cover: Foto ©Suzi / pixelio.de

Weitere Bücher finden Sie auf **www.hansebooks.com**

Fortsetzung der Bemerkungen

über den speciellen Theil des

Entwurfes eines Strafgesetzes über Verbrechen und Vergehen.

———— ◆ ————

Von

Dr. Adolf Merkel.

———— ◆ ————

Wien, 1867.

Separatabbruck aus Nr. 305, 307, 308, 309 der k. Wiener Zeitung.

Zum amtlichen Gebrauche.

Druckerei der k. Wiener Zeitung.

Ueber die Behandlung, welche den Eigenthumsverbrechen im Entwurfe zu Theil wird.

a. Im Allgemeinen.

Sowohl in dem neuen Entwurfe eines Strafgesetzes über Verbrechen und Vergehen, als in dem neuen Strafproceßordnungsentwurfe tritt mehrfach das rühmliche Bestreben hervor, dem individuellen Willen und der Beziehung des Verbrechens auf ihn und seine Interessen auch im Gebiete der Strafrechtspflege die gebührende Berücksichtigung wieder zu Theil werden zu lassen. Es gehört dies zur Signatur unserer fortschreitenden Rechtsentwicklung, daß sie dem Einzelwillen auch in dieser Sphäre des öffentlichen Lebens neben der Staatsgewalt eine thätige Rolle wieder zuweist. Zu lange hat man in dem Verdrängen desselben aus der Betheiligung bei der Verfolgung verbrecherischer Handlungen und in dem Ignoriren desselben bei der Beurtheilung dieser Handlungen, der Philosophie der Restaurationsepoche gemäß, ausschließlich einen Fortschritt und einen absoluten Fortschritt erkennen wollen, während man über das rechte Ziel hier doch unzweifelhaft weit hinausgeschritten war. Indem man an dieser Beurtheilungsweise meist auch seitens derjenigen festhielt, die im Uebrigen einer liberalen Auffassungsweise zuneigten, übersah man den einheitlichen Charakter der Entwicklung, welche in diesem Punkte unser öffentliches Leben durchgemacht hat und beziehungsweise durchzumachen im Begriffe steht. Jenes gewaltsame Zurückdrängen

des individuellen Willens im Felde der Criminaljustiz
hat im Wesentlichen den gleichen Charakter und die
gleichen Ursachen wie diese Erscheinung in politischem
Gebiete und die langsam eintretende Reaction dagegen auf jenem Felde steht ihren Erklärungsgründen
und ihrem Geiste nach im innigsten Zusammenhange
mit der gleichen Reaction auf den übrigen Feldern
des öffentlichen Lebens.

Es ist indeß zu bemerken, daß jenem privatrecht-
lichen Elemente im Strafproceßentwurfe in rückhalts-
loserer Weise Rechnung getragen ist als im Entwurfe über Verbrechen und Vergehen. Doch kann dies
Urtheil hier nicht näher begründet werden, da nur
der letztere Entwurf hier unser Thema bildet. Was
aber dessen Stellung jener bedeutsamen Bewegung
gegenüber angeht, so bieten uns die Paragraphe
über die Eigenthumsverbrechen eine willkommene Ge-
legenheit, die hierauf bezüglichen Materialien, welche
bereits in früheren Bemerkungen beigebracht worden
sind (man vergleiche namentlich, was in Betreff der
Einwilligung des Verletzten in die Verletzung bei
Besprechung der Bestimmungen über den Zweikampf
und über Mord und Todtschlag so wie was in Betreff der strafbaren Selbsthülfe ausgeführt worden ist),
zu vervollständigen.

Vor allem ist hier auf die Art Bezug zu nehmen, wie der freiwillige Ersatz des zugefügten Schadens bei den Eigenthumsverbrechen behandelt wird.
Es sollen nämlich nach § 96 Diebstahl, Unterschlagung, Betrug, Eigenthumsbeschädigung und Hehlerei
aufhören, strafbar zu sein, wenn der Schuldige selbst
oder durch einen Dritten, bevor er einer strafgericht-
lichen, staatsanwaltschaftlichen oder Sicherheitsbehörde

als der strafbaren Handlung verdächtig bekannt ge-
worden ist, vollen Ersatz für den aus seiner Handlung entstandenen Schaden geleistet (oder sich mit dem
Beschädigten über den Ersatz dieses Schadens, wenn-
gleich auf einen geringeren Betrag verglichen hat und
den Vergleich auch zuhält, oder im Falle der Nicht-
zuhaltung doch von dem Beschädigten nicht zur Uu-
tersuchung angezeigt wird). Diese Bestimmung hat
mehrfach und von hervorragender Seite entschiedenen
Tadel erfahren. Der Verfasser dieses aber kann sich,
indem er jene oben aufgestellten Gesichtspunkte subsumirt, der Hauptsache nach diesem Tadel nicht an-
schließen.

Denjenigen freilich, welche zwischen dem Interesse
des verletzten Einzelnen und demjenigen der in ihm
verletzten Gesammtheit überall einen abstracten Gegensatz machen, müssen Bestimmungen dieser Art,
welche auf die Zufriedenstellung des Ersteren ein entscheidendes Gewicht legen, als grundsätzlich verwerf-
liche erscheinen. Allein diese Auffassungsweise ist eine
irrige. Dem Unrechte gegenüber ist das Interesse des
verletzten Einzelnen mit dem der Gesammtheit in
wesentlichen Beziehungen identisch und es kann innerhalb gewisser Grenzen die Bethätigung und das
Schicksal des Ersteren als ein Maßstab zur Beurtheilung dieses letzteren gelten. Und zwar ist dies überall
in einem um so weiteren Umfange möglich, eine je
höhere Gesittungsstufe die öffentliche Meinung eines
Landes einnimmt und je mehr dieselbe sich im Einklange mit dem die Gesetze beherrschenden Geiste
befindet.

Indeß möchte die fragliche Bestimmung, wenigstens
nach der Entwicklungsstufe, die unser gegenwärtiges

Rechtsleben einnimmt, ihrerseits die richtigen Grenzen überschreiten. Insbesondere scheint dem freiwilligen Ersatze mit Unrecht auch in Bezug ~~auf ausgezeichne=~~ ten Diebstahl und ausgezeichneten Betrug eine straf= ~~ausschließende Wirkung beigelegt zu sein.~~ Wenigstens dürfte sich hiefür kein anderes Argument als das in der Berufung auf das bisherige österreichische Recht und dessen Durchführbarkeit gelegene (dessen Werth sich der genaueren Beurtheilung des Verfassers ent= zieht) mit einigem Scheine geltend machen lassen. Man denke an den bewaffneten, an den gewerbs= mäßigen, an den von einer Bande ausgeführten Diebstahl.

Kann hier die Zufriedenstellung des einzelnen Ver= letzten das in weiten Kreisen gestörte Gefühl der Sicherheit wieder herstellen? Kann die Erklärung des Bestohlenen, daß er seine Sachen wieder erhalten habe, den Eindruck neutralisiren, den das in der That gegebene Beispiel auf die Freunde und auf die Feinde der Rechtsordnung in entgegengesetztem Sinne her= vorbringt? Oder ist damit irgendeine Garantie dafür gegeben, daß bei dem Verbrecher die verbrecherische Gewöhnung erloschen oder daß die Verbrecherbande aufgelöst sei?

Andererseits hat die besprochene Bestimmung in mehrfacher Hinsicht den Charakter des Fragmentari= schen, willkürlich Abgegrenzten. So ist es durchaus willkürlich, wenn der Ersatz, während er bei den schwer= sten Arten des Diebstahls als Strafausschließungs= grund anerkannt ist, bei der (auf Vermögensgewinn gerichteten) Erpressung, und zwar selbst bei der leich= testen Art derselben, nicht einmal als Minderungs= grund figurirt; da doch diejenigen Umstände, welche bei den ersteren zur Vermögensverletzung hinzukommen, von weitaus graverer Natur sind als das bei der nicht qualificirten Erpressung neben der Vermögensverletzung in Betracht kommende Moment des psychischen Zwangs; wie dies der Entwurf selbst in seinen Strafsätzen für den qualificirten Diebstahl einer-, für die Erpressung andererseits anerkennt. Ihre Erklärung, aber nicht ihre Rechtfertigung, findet die hierin liegende Inconsequenz in dem weiterhin zu besprechenden Umstande, daß die gegen die Vermögensrechte gerichtete Erpressung vom Entwurfe mit sonstigen strafbaren Nöthigungen in einen Begriff zusammengezogen wird. Die Consequenz möchte ferner erfordern, daß auch der theilweise Ersatz bei den in Rede stehenden Verbrechen eine gewisse Berücksichtigung finde; was am einfachsten durch die Vorschrift geschehen würde, daß derselbe von dem bei der Strafausmessung in Betracht kommenden Schadensbetrage abgezogen werden solle.

Eine Disharmonie besteht auch zwischen jener weitgehenden Berücksichtigung des hinterher gebotenen und der Nichtberücksichtigung des von vornherein gebotenen Aequivalentes für den entzogenen Gegenstand. Der Entwurf nämlich läßt den eigenmächtigen Tausch, bei welchem für das widerrechtlich Entzogene sofort ein entsprechender Gegenwerth gegeben wird, so daß ein auszugleichender Vermögensverlust auf der Seite des Verletzten gar nicht entsteht, unter den Begriff des Diebstahls 2c. (vom Betruge scheint er ausgeschlossen) subsumiren und mit der ungeminderten Diebstahlsstrafe 2c. belegen. Ist es nun aber consequent, diese Ersatzleistung, welche, wenn hinterher kommend, alle Strafe ausschließen soll, beim rechtswid-

rigen Tausch um ihres sofortigen Eintritts willen
für gänzlich unbeachtenswerth zu erklären? Rein
juristisch betrachtet, nimmt dieselbe sogar gerade im
letzteren Falle, wo sie als ein integrirender Bestand-
theil der That selbst erscheint, eine größere Bedeutung in Anspruch.

Denn hier schließt sie das eigentliche Charakteristi-
kon der infamirenden Eigenthumsverbrechen: die
Aneignung fremden Gutes ohne Entgelt (s. unten),
vollständig aus, während im anderen Falle die auf
diese Aneignung gerichtete Absicht bereits ihre Ver-
körperung erlangt hat und nur nachträglich in ihrer
Bedeutung eine Abschwächung erfährt. Mögen nun
auch rechtspolitische Rücksichten umgekehrt der hinter-
herigen Ersatzleistung ein größeres Gewicht beilegen
lassen, so rechtfertigt dies doch keineswegs die völlige
Ignorirung der sofortigen. — Auch dies scheint ferner
nicht im Einklange mit der dem Ersatze beigelegten
Wirkung zu stehen, daß man bei den in Frage stehenden Verbrechen zum Theile einen auszugleichenden
Werthverlust auf Seiten des Verletzten gar nicht als
ein Erforderniß aufstellt; sondern die fraglichen Begriffe auf die Entziehung von Gegenständen ohne
jeden Schätzungswerth ausdehnt. Man vergl. in dieser
Beziehung insbesondere den vom Entwurfe aufgestellten Diebstahlsbegriff.

Endlich liegt hier noch eine andere Vergleichung
nahe. Der Entwurf stellt die strafrechtliche Verfolgung
bei verhältnißmäßig zahlreichen Rechtsverletzungen in
Abhängigkeit von dem Antrag des Privatverletzten,
und es subsumirt sich auch dies unter den an die
Spitze unserer Erörterung gerückten Gesichtspunkt.
Der Staat soll die Einzelnen, wie wiederholt betont

wurde, als die natürlichen und berufenen Wächter der allgemeinen Interessen anerkennen, insofern und insoweit als diese allgemeinen Interessen in concreto zusammenfallen. Das aber ist der Fall in Bezug auf die Verfolgung einer Reihe von Delicten, bei welchen die Gesammtheit sich zunächst im Einzelnen verletzt und mit der Versöhnung desselben auch ihrerseits beruhigt findet. Hier mag die Initiative zu dieser Verfolgung den Einzelnen überlassen werden. — Was nun speciell die Eigenthumsverbrechen angeht, so steht bei ihnen die Frage nach der Bedeutung des Ersatzes mit der nach der Abhängigmachung der Strafverfolgung vom Antrag des Verletzten offenbar in einem nahen Zusammenhange. Der freiwillig gebotene Ersatz zielt zunächst auf eine Ausgleichung der Privatverletzung, auf eine Zufriedenstellung des verletzten Einzelnen. Ob dieselbe damit wirklich erreicht werde, ist im Allgemeinen ungewiß. Kann nun die Gesammtheit in Bezug auf gewisse Delicte sich einem solchen Versuche gegenüber ihrerseits zufriedengeben, so wird die, wennauch durch andere Mittel, erreichte Zufriedenstellung des Privatverletzten um so gewisser einen Anspruch auf ihre Berücksichtigung haben. Denn der Ersatz ist für sie nur eine an sich gleichgültige Form für die auf Befriedigung des unmittelbar Verletzten gerichtete thätige Reue des Verbrechers; wie dies der Entwurf in dem citirten Schlußsatze des § 96 unzweideutig anerkennt.

So ist es indifferent für sie, ob der durch Hunger oder Lüsternheit verführte Dieb den Bestohlenen durch die Vergütung des Entzogenen oder durch andere Mittel zu versöhnen weiß. Sie wird es hier daher dem Verletzten überlassen können, das Factum der ge-

schehenen Ausgleichung oder Nichtausgleichung der er-
littenen Rechtskränkung und beziehungsweise das Be-
dürfniß einer solchen Ausgleichung durch seine Er-
klärungen oder sein Stillschweigen zu constatiren.
Mit anderen Worten, sie wird die strafrechtliche Verfolgung von dem Antrage des Privatverletzten ab-
hängig machen können. Sie stellt damit im Grunde
kein für den Delinquenten günstigeres Princip auf
als der auf die Wirkungen des Ersatzes bezügliche
§ 96 des Entwurfs. Denn es wird in häufigen
Fällen dem Verletzten mit der bloßen Ersatzleistung
nicht genuggethan sein, vielmehr bald eine noch in
anderer Weise bethätigte Reue, bald ein über den
Schadensbetrag hinausgehendes Sühngeld von ihm
gefordert werden.

: Damit will indeß, wie sich nach dem über den
ausgezeichneten Diebstahl Bemerkten von selbst versteht, mitnichten empfohlen sein, die in Frage stehenden Verbrechen allgemein in die Kategorie der „Antragsverbrechen“ aufzunehmen. Es soll nur darauf
aufmerksam gemacht werden, daß der Entwurf nicht
consequent verfährt, wenn er in Bezug auf Diebstahl, Betrug, Eigenthumsbeschädigung u. s. f. den
freiwilligen Ersatz allgemein als Strafausschließungs-
grund anerkennt, während er diese Delicte sämmt-
lich von Amts wegen verfolgt haben will. Davon abgesehen würde sich die Abhängigmachung der Strafverfolgung vom Antrag des Verletzten unbedenklich
anordnen lassen in Betreff der Eigenthumsbeschädigung und des nicht eigennützigen Betruges (s. unten),
ferner in Betreff der Fundunterschlagung und jedenfalls in B. der im § 271 der Unterschlagung gleich-
gestellten Fälle der rechtswidrigen Verfügung über

eine mit Beschlag belegte Sache seitens des Eigenthümers und über eine verkaufte und bereits bezahlte
Sache seitens des Verkäufers. Daß dieselbe in Betreff der in der Form des Diebstahls, Betruges oder
eines anderen hiehergehörigen Delictes auftretenden
strafbaren Selbsthülfe gefordert sei, ist bereits früher
hervorgehoben worden. Bezüglich der in der Form
der Erpressung auftretenden Selbsthülfe ist dies im
Entwurfe anerkannt (§ 260).

Mit der Berücksichtigung, welche der Entwurf bei
den Eigenthumsverbrechen der freiwilligen Ausgleichung
des zugefügten Schadens zu Theil werden läßt,
stimmt es dagegen innerlich zusammen, daß er bei
seinen Strafmaßbestimmungen für diese Verbrechen
auf den Umfang des zugefügten Schadens überall
entscheidendes Gewicht legt. Es hat dies letztere aber
noch entschiedeneren Tadel erfahren wie das erstere,
und es verlohnt sich daher zu Gunsten dieser Abstufung der Strafe nach dem Betrage der Verletzung
ein Wort der Rechtfertigung vorzubringen. M. E. ist
es der Consequenz und der Natur der Sache ent-
sprechend, wenn die materielle Benachtheiligung, welche
im Begriff der Eigenthumsverbrechen eine so wesent-
liche Stellung einnimmt, auch in den Strafbestimmungen für dieselben eine Rolle spielt.

Warum soll bei ihnen in dieser Beziehung etwas
anderes gelten wie bei anderen Delicten? Wird
doch nirgends sonst der Umfang, in welchem die
einer Verbrechensart charakteristische Verletzung zu-
gefügt wird, als gleichgültig oder als von nur
secundärer Bedeutung behandelt! Vielmehr bestimmt
sich die relative Strafbarkeit einer Körperverletzung
in erster Linie nach dem Maße, in welchem

die körperliche Integrität rechtswidriger Weise verletzt ist, die relative Strafbarkeit der rechtswidrigen Gefangenhaltung nach der Ausdehnung, in welcher dem Verletzten seine Freiheit entzogen wurde, die relative Strafbarkeit einer Ehrenkränkung nach der Intensität der zugefügten Kränkung, die relative Strafbarkeit gemeingefährlicher Handlungen nach dem Umfange, in welchem fremdes Leben oder fremde Güter durch die Handlung gefährdet wurden 2c. 2c. Diese zum Begriff der betreffenden Delicte gehörigen Verletzungen geben bei der Beurtheilung ihrer relativen Strafbarkeit den festen Ausgangspunkt und den principalen Maßstab ab, durch dessen Anerkennung eine Berücksichtigung sonstiger, die concrete That charakterisirender Umstände natürlich nicht ausgeschlossen wird.

Es ist jedoch die Art wie der fragliche Maßstab im Entwurfe gehandhabt wird, allerdings eine bedenkliche. Gewiß ist ein Diebstahl von 11 fl. an sich, d. i. alle übrigen für die Beurtheilung der Schuld des Thäters relevanten Verhältnisse als gleich gedacht, strafbarer als ein Diebstahl von 10 fl. Allein damit rechtfertigt es sich nicht, daß der erstere, wie es im Entwurfe geschieht (vergl. § 268 in. mit § 270, III und i. f.; § 272, II mit § 273, 2c.), als ein unter allen Umständen und zwar weitaus strafbarerer behandelt wird als der letztere. Dies würde motivirt sein, wenn zwischen dem Diebstahl von 10 und dem von 11 fl. eine breite Kluft sich ausdehnte, während es sich hier in Wahrheit um einen geringen Abschnitt auf einer ins Unendliche sich verlaufenden Scala handelt, und wenn überdies die Gesammtheit aller sonstigen bei der Beurtheilung der That in Betracht kommenden Verhältnisse niemals im Stande wäre jene Kluft zu überbrücken! Es würde absurd sein, sich hier ernstlich auf die Natur der Sache berufen zu wollen. Es existirt aber gar kein Grund für ein so schroffes Ignoriren derselben. Allerdings finden sich solche willkürliche Durchschnitte wieder zwischen einem Diebstahlsbetrage von 10 fl. und von mehr als 10 fl. in allen Strafgesetzen, und es mag hier dahingestellt bleiben, ob wir sie vollständig entbehren können.

Jedenfalls ist dies nicht der Fall, so lange wir an der Eintheilung der Rechtsverletzungen in Verbrechen und Vergehen oder einer ähnlichen künstlichen Eintheilung festhalten. Allein die im Entwurfe mit diesen Durchschnitten verbundenen Härten könnten wesentlich gemildert werden, indem man nämlich, wie es wiederholt von uns gefordert wurde, in einander übergreifende Strafrahmen aufstellte. Hienach würde also z. B. der für den qualificirten Diebstahl von 10 fl. oder weniger aufgestellte Strafrahmen von 1 bis 4 Monaten Arrest nach oben hin, der für den qualificirten Diebstahl von mehr als 10 fl. aufgestellte Strafrahmen von 4 bis 12 Monaten Zuchthaus dagegen nach unten hin zu erweitern sein.

Mit dieser Abstufung der Strafe nach dem Verbrechensbetrage stehen die Bestimmungen des § 28 über die Zusammenrechnung der Beträge mehrerer gemeinsam zur Bestrafung kommenden Eigenthumsverbrechen derselben Art in nothwendigem Zusammenhange. Dieselben sind im Wesentlichen gutzuheißen (nur ist auch hier die Erpressung ausgeschlossen) und daher nicht näher von uns in Betracht zu nehmen.

Uebersehen wir das Gebiet der in Frage stehenden Eigenthumsverbrechen, so hebt sich eine Gruppe von

unter einander psychisch nahe verwandten Delicten mit
scharf ausgeprägter juridischer Physiognomie hervor.
Es sind diejenigen Eingriffe in fremdes Eigenthum,
welche nicht bloß auf eine Benachtheiligung des Anderen, sondern zugleich auf eine Bereicherung des Delinquenten auf Kosten des Verletzten zielen; also die
eigennützigen oder gewinnsüchtigen Eigenthumsverbrechen, als deren Typus wir den Diebstahl bezeichnen
können. Die rechtswidrige Zueignung fremden Eigenthums ohne Entgelt, welche sie charakterisirt, hat eine
andere Bedeutung, sowohl in socialer, wie in ethisch-
rechtlicher Beziehung, als die aus Bosheit oder Muthwillen erfolgende Schädigung fremden Eigenthums.
Das ethische Volksurtheil unterscheidet hier durchaus.
Eine härtere Behandlung der ersteren, wie sie durch
criminalpolitische Rücksichten gefordert scheint, ist seiner
Zustimmung überall gewiß. Auch erscheinen ihm Diebstahl, Betrug u. s. f. weit entschiedener mit dem Makel einer ehrlosen Gesinnung behaftet, als die boshafte
Sachbeschädigung mit ihren Geistesverwandten. Wer
einem Anderen absichtlich die Fenster einschlägt, den
bezüchtigt die öffentliche Meinung um deßwillen noch
nicht einer ehrlosen Gesinnung, wenn sie auch einer
Bestrafung desselben zustimmt.

Wohl aber trifft denjenigen, der dem Anderen den
Werth, welchen jenes Fenster repräsentirt, heimlich
oder in betrügerischer Weise entzieht, um denselben
sich zuzueignen, jenes ethische Vernichtungsurtheil ohne
weiters.

Diese rechtswidrige Zueignung fremder Vermögensobjecte nun kann entweder durch den Delinquenten
direct in eigenmächtiger Weise, oder durch Vermitt-
lung des zu seiner eigenen Verletzung mißbrauchten

Berechtigten erfolgen. Das Letztere findet statt bei
dem Zwillingspaar Betrug und Erpressung, und
zwar wird der Berechtigte dort durch Täuschung, hier
durch Drohungen zu der ihn beschädigenden Handlung
gebracht. Das Andere findet statt bei Raub, Diebstahl
und Unterschlagung, wovon der Erstere noch durch das
bedeutsame Moment der gegen die Person gerichteten
Gewalt charakterisirt ist. An den Betrug reiht sich
der betrügerische Bankerot, an Diebstahl und Unterschlagung reihen sich Rechtsverletzungen von geringerem Belange. — Diese verschiedenen Formen der
strafbaren Zueignung fremder Vermögensstücke be-
dingen eine verschiedene Strafbarkeit und zum Theil
eine eigenthümliche technische Behandlung der unter
sie zu subsumirenden Handlungen; lassen aber den
gleichen geistigen Grundcharakter derselben nicht in
Hintergrund treten. Die Auffassung derselben aber als
Glieder der umschriebenen Gruppe ist für die Würdi-
gung sowohl der ihnen gemeinsamen, wie der sie
unterscheidenden Merkmale bedeutsam.

Der Entwurf nun hebt dieselben als eine besondere Gruppe nicht hervor, wiewohl er ihrer Eigen-
thümlichkeit materiell in mehrfacher Hinsicht gerecht
wird. Nur ist hiebei die Erpressung auszuschließen.
Dieselbe wird im Entwurfe nicht als gewinnsüchtiges
und überhaupt (wie schon erwähnt) nicht als Eigenthumsverbrechen behandelt. Die Individualität der
auf Vermögensgewinn gerichteten Erpressung ist hier
in der Summe rechtswidriger Nöthigungen Anderer
zu irgendeinem Thun oder Lassen untergegangen.
Ferner werden die nicht gewinnsüchtigen Vermögens-
verbrechen mit demselben Maße gemessen wie die
gewinnsüchtigen. So wird die betrügerische Zueignung

fremben Eigenthums ohne Entgelt mit der bloßen
fraudulösen Benachtheiligung unter einen Begriff ge=
zogen und auch den Straffätzen gegenüber nicht von
ihnen geschieden. So wird die (nicht gewinnsüchtige)
Eigenthumsbeschädigung mit den Diebstahlsstrafen be=
droht. In diesen Punkten möchte eine Revision ge=
fordert sein (s. unten).

Halten wir uns den wesentlichen Kern der zu jener
Gruppe gehörigen Verbrechensarten und den Grund
ihres ignominiösen Charakters (die Zueignung fremden
Eigenthums ohne Entgelt) vor Augen, so wird uns
kein Zweifel darüber bleiben, daß die mehrbesprochene
Selbsthülfe so wie ferner der eigenmächtige Tausch
und endlich die rechtswidrige Aneignung einer Sache
ohne Schätzungswerth von den einschlagenden Begriffen
auszuschließen seien.

b. Zu den Bestimmungen über den Raub insbesondere.

Hinsichtlich der Definition des Raubes im § 255
(„wer mittelst Anwendung oder Androhung von
Gewalt gegen einen Anderen sich einer fremden be=
weglichen Sache bemächtiget, um dieselbe sich oder
einem Anderen zuzueignen“) möchte es sich empfehlen,
an Stelle der überflüssigen Worte „oder einem An=
deren“ das Wort „rechtswidrig“ aufzunehmen, wo=
durch die gewaltsame Selbsthülfe von dem Begriffe
dieses Verbrechens ausgeschlossen würde.

Was die Straffätze für den Raub (§ 256) be=
trifft, so ist gegen das Minimum von vier Jahren
Zuchthaus Verwahrung einzulegen. Dasselbe würde

einer überaus großen Zahl von Fällen gegenüber zu
großen Härten führen. Von der den Raub gegenüber vom Diebstahl charakterisirenden Gewalt gegen
die Person gilt, was von so vielen criminalistischen
Merkmalen, daß ihre Bedeutung im einzelnen Falle
sich bald als eine eminente, bald als eine verschwin-
dende darstellt. Sie bilden in ihren Erscheinungen
eine Stufenleiter, welche sowohl aufwärts, wie ab-
wärts keine bestimmte Grenze erblicken läßt, daher
ihnen eng begrenzte Strafrahmen und bedeutende
Sprünge in der Strafenscala nicht entsprechen. So
würde es sich an der Hand zahlreicher Erfahrungen
leicht zeigen lassen, daß der Sprung von dem Minimum
der Diebstahlsstrafe, eine Woche Arrest, zu dem Minimum der für den Raub gedrohten Strafe (4 Jahre
Zuchthaus) durch das in Frage stehende Merkmal der
Gewalt in keiner Weise zu rechtfertigen sei. Wollen
wir denjenigen, der einem Anderen ein Taschentuch
wegnimmt, dann mit einer Woche Arrest bestrafen,
wenn er es dem Eigenthümer heimlich aus der
Tasche zieht, dann aber, wenn er es ihm aus der
Hand reißt und damit fortspringt (in welchem Falle
die Handlung als Raub qualificirt werden kann),
mit dem mehr als Zweihundertfachen jener Strafe:
mit vier Jahren Zuchthaus?!

Auch hinsichtlich der Qualificationen des Raubes
möchte sich Einiges gegen die Bestimmungen des Entwurfes erinnern lassen. Der Ausdruck: Raub „mit“
Waffen (§ 256 b) ist zweideutig. Die unbedingte
Auszeichnung des „Straßenraubs“ (ebendas.) ist nicht
motivirt. Soll jener Taschentuchräuber dann, wenn
er seine That auf offener Straße verübt, gar mit
8 bis 14 Jahren Zuchthaus bedroht sein?

2

c. Zu den Bestimmungen über Erpressung, Nöthigung und gefährliche Drohung insbesondere.

Neben den die Fälschung betreffenden Paragraphen möchten die auf die Erpressung bezüglichen zu den am wenigsten glücklich redigirten gehören. Es sei vergönnt, dies im Einzelnen näher zu begründen.

Wie schon im Vorigen hervorgehoben wurde, zieht der M. = Entwurf die auf rechtswidrigen Vermögensvortheil gerichtete Androhung von Gewalt, d. i. diejenige, welche man vielfach ausschließlich unter Erpressung versteht, mit denjenigen Rechtsverletzungen, welche man unter „Nöthigung" zu begreifen pflegt, in einen Begriff zusammen; wogegen sich im R.=Entwurfe diese Verbrechensarten aus einander gehalten finden. Die Folge jener Vereinigung aber ist, daß weder die Erpressung im e. Sinne, noch die Nöthigung im e. Sinne im M.=Entwurfe vollständig zu ihrem Rechte kommen.

Wir haben gesehen, daß die Erstere sich den am meisten infamirenden Delicten einreiht, während die Letztere auf eine ehrlose Gesinnung keineswegs allgemein zurückweise. Es ist daher nicht sachentsprechend, wenn diese an der für jene passenden Bedrohung, mit infamirenden Strafen gleichmäßig participirt. Wie in diesem Punkte, so würde auch in Betreff der Verfolgung on Amts wegen die Nöthigung i. e. S. einer minder strengen Behandlung unterzogen werden können, als die Erpressung i. e. S. Dagegen sollte die Letztere an den für die Eigenthumsverbrechen und beziehungsweise für die gewinnsüchtigen Eigenthumsverbrechen aufzustellenden gemeinsamen Grundsätzen und Gesichtspunkten (in Betreff des Ersatzes, der Zusammenrechnung der Beträge, der Abstufung der Strafe nach dem Betrage, der von Familiengenossen gegen einander begangenen Delicte ꝛc.) participiren, wovon sie durch ihre Vermengung mit der Nöthigung ausgeschlossen wird.

Uebrigens giebt der Entwurf keine einheitliche Definition von den nach ihm unter „Erpressung" zu begreifenden Rechtsverletzungen; unterscheidet vielmehr 3 Kategorien, die er im § 258 gesondert charakterisirt:

1. Erstlich nämlich soll nach ihm als Erpressung behandelt werden: das Erzwingen einer Leistung, Duldung oder Unterlassung mit rechtswidriger Anwendung oder Androhung von Gewalt (soweit es nicht als Raub erscheint, § 258, 1).

Hier ist zunächst kein Unterschied gemacht zwischen dem Erzwingen einer geschuldeten und dem einer nicht geschuldeten Leistung; die Nöthigung zur Erfüllung von Rechtsansprüchen und beziehungsweise zur Unterlassung von Rechtsstörungen (soweit dies letztere nicht als Nothwehr erscheint) wird also begrifflich mit den schwersten Arten der infamirenden Erpressung identificirt. Die Bestimmungen des § 260, wonach jene Fälle der strafbaren Eigenmacht nur als „Vergehen" behandelt werden sollen, enthalten dem gegenüber keine genügende Correctiv, auch abgesehen davon, daß sie auch für dies „Vergehen" der Erpressung die (auf die Eigenmacht nicht passende) infamirende Arreststrafe drohen.

Unter der „Androhung von Gewalt" in dem citirten Passus ist nach § 116 nur die Drohung mit Körperverletzungen zu verstehen. Neben dieser wird

2*

in den folgenden Abschnitten des § 258 nur noch die Drohung mit für den Bedrohten nachtheiligen Enthüllungen und die mit der Geltendmachung von Rechtsansprüchen berücksichtigt. Weßhalb aber diese Beschränkung des Thatbestandes? Auch durch Drohungen mit Brandstiftung, Freiheitsverletzung u. s. f. kann eine Erpressung begangen werden, und dieselbe ist, so verübt, nicht minder strafwürdig als in den vom Entwurfe berücksichtigten Fällen. Auch waren diese Begehungsweisen im Referentenentwurfe in den Begriff der Erpressung eingeschlossen. Der Ministe=rialentwurf belegt dagegen die fraglichen Drohungen nur für den Fall mit Strafe, daß sie bloß in der Absicht erfolgen, Andere in Furcht oder Unruhe zu versetzen (§ 263). Stehen sie im Dienste einer schlimmeren Absicht, so liegt eine Strafbestimmung in ihm nicht für sie vor.

In der citirten Definition ist eine „rechtswidrige“ Anwendung oder Androhung von Gewalt gefordert, während in der Definition des Raubes sich dies Wort nicht findet. Gewiß aber ist das fragliche Er=forderniß dort nicht mehr an seiner Stelle als es hier sein würde. Jedenfalls würde hier eine gleich=mäßige Fassung zu fordern sein.

2 Ferner wird unter den Begriff der Erpressung gezogen: das Erzwingen einer Leistung, Duld. oder Unterl., worauf der Zwingende kein Recht hat, durch eine der im § 259 bezeichneten strafbaren Drohun=gen, insoferne dieselben ... gegründete Besorgniß ein=zuflößen geeignet erschienen (§ 258, 2).

Der citirte § 259 handelt von Drohungen mit nachtheiligen Enthüllungen und unterscheidet drei Ka=tegorien solcher Drohungen.

Diese Unterscheidungen des § 259 sind nicht exact und compliciren daher die Sache, statt sie zu klären. Wie unterscheiden sich die Mittheilungen über „Thatsachen des Privat- und Familienlebens", wovon Abschnitt 2 dieses Paragraphs handelt, von Mittheilungen über „die Personen, Handlungen, Familien-, Erwerbs- oder sonstigen Verhältnisse" des Bedrohten, welche im Abschnitte 3 desselben aufgeführt werden? Und wie die im Abschnitt 1 erwähnten Handlungen, welche geeignet sind, den Bedrohten in der Meinung Anderer zu beeinträchtigen", von den in Abschnitt 3 erwähnten Handlungen, welche geeignet sind, denselben „in der Meinung Anderer auf eine nachtheilige Weise herabzusetzen?"

Die fraglichen Drohungen sind zum Theil an sich weder strafbar, noch rechtswidrig. So z. B. ist die Drohung mit der Anzeige einer strafbaren Handlung nicht rechtswidrig. Dieselben sind daher im § 258, 2 nicht als „strafbare" Drohungen, wie es geschieht, vorauszusetzen.

Der soeben erwähnte Umstand, daß auch an sich harmlose Drohungen, beziehungsweise Drohungen mit erlaubten Vornahmen (wie z. B. mit der Aufdeckung verbrecherischer Handlungen) den zur Herstellung des Thatbestandes der Erpressung geeigneten Handlungen eingereiht werden, ist entschieden bedenklich. Würde dieser Thatbestand in Bezug auf die Zwecke der Drohung in der oben geforderten Weise (nämlich auf das Erpressen rechtswidriger Vermögensvortheile) beschränkt, so möchte sich jene Latitude in Betreff der Mittel der Begehung vielleicht rechtfertigen lassen, wiewohl auch dies mit beachtenswerthen Gründen bestritten worden ist. Nun aber der Thatbestand hinsichtlich

deſſen, was erzwungen werden will, vollſtändig unbe=
ſtimmt iſt, kann die Ausdehnung desſelben hinſichtlich
der Begehungsweiſe jedenfalls nicht gutgeheißen wer=
den. Hienach würde z. B. derjenige, der jemanden
durch die Drohung mit der Anzeige ſtrafbarer Hand=
lungen oder mit der Enthüllung ihn compromittiren=
der Thatſachen zu einem ordentlichen Lebenswandel
zu zwingen ſucht, als des Verbrechens der Erpreſſung
ſchuldig anzuſehen und nach den Beſtimmungen des
§ 261, 2 mit der infamirenden Zuchthausſtrafe zu
belegen ſein!

Dem gegenüber kann hier nur wiederholt die Wichtig=
keit einer maßhaltigen Oekonomie bei der Beſtimmung
der Grenzen des ſtrafrechtlichen Gebiets betont wer=
den. Wie die Beſtrafung eines ungerecht Beſchuldig=
ten im Allgemeinen nicht von geringerem Nachtheile
für das Anſehen und die Wirkſamkeit der Strafjuſtiz
iſt als die Freiſprechung eines Schuldigen, ſo hat
eine zu enge Faſſung der ſtrafgeſetzlichen Definitionen
im Ganzen und Großen nicht größere Schädlichkei=
ten im Gefolge als eine Faſſung derſelben, welche
die Grenzen des Strafrechtes zwecklos ausdehnt oder
ins Ungewiſſe rückt.

3. Endlich wird im dritten Abſchnitt des § 258
die Drohung mit der Geltendmachung eines Rechtes
allgemein unter den Begriff der Erpreſſung gezogen
für den Fall, daß damit „eine geſetzwidrige oder
unſittliche Leiſtung, Duldung oder Unterlaſſung“ er=
zwungen werden will. Dagegen möchte ſich praktiſch
nicht viel erinnern laſſen, inſofern wir die Beſtim=
mung ihrem Wortlaute gemäß handhaben. Allein die
Art, wie die M.=Motive ſich darüber äußern, zieht
den Sinn derſelben in einer bedenklichen Weiſe ins

Unbestimmte. Es wird nämlich S. 137 derselben von den fraglichen Fällen bemerkt, daß die Handlung sich als eine strafbare darstelle, „weil sie auf Abnö= thigung von etwas unsittlichem oder auf Erlangung eines nach dem Rechte nicht zustehenden Vortheils gerichtet war". Wenn wir das „gesetzwidrig" der gesetzlichen Definition in diesem Sinne, also dahin interpretiren, daß der Zwang auf Vortheile gerichtet sein müsse, worauf der Zwingende kein Recht hat, so stellen wir die Strafbarkeit der hier fraglichen Drohungen auf dieselben Bedingungen wie sie im § 258, 2 für die Strafbarkeit der Drohung mit compromittirenden Enthüllungen aufgestellt sind; er= weitern damit aber in einer durchaus unzulässigen Weise die Grenzen dieser Verbrechensart. Es würde damit der Gläubiger, der seinen Schuldner durch die Drohung mit der Anstellung einer ihm zustehen= den Klage zu einem Vergleiche zu zwingen sucht, zum infamen Verbrecher gestempelt!

Fassen wir Alles zusammen, so werden wir sagen können, daß die künstlichen und schwer übersichtlichen Unterscheidungen der besprochenen §§ 158 und 59, (welche überdieß bei der Fragenstellung an die Ge= schwornen große Schwierigkeiten bereiten würden) eine sichere und sachentsprechende Begrenzung des Gebietes dieser Verbrechen nicht an die Hand geben. Es würde sich mit einer einzigen kurzgefaßten Defi= nition hier entschieden mehr erreichen lassen. Vielleicht würde sich in Betreff der Erpressung i. e. S. die folgende Fassung empfehlen:

Wer (außer dem Falle des Raubes) jemanden zu einer Handlung, Duldung oder Unterlassung zwingt, um dadurch sich oder Dritten einen rechtswidrigen

Vermögensvortheil zuzuwenden, ist der Erpressung schuldig.

Für die Nöthigung i. e. S. möchte etwa folgende Fassung vorzuschlagen sein:

Wer (außer dem Falle des Raubes und der Erpressung) jemanden durch körperliche Gewalt oder durch Androhung rechtswidriger Vergewaltigung oder Benachtheiligung zu einer Handlung, Duldung oder Unterlassung zwingt, ist . . .

An die besprochenen Delicte schließt sich noch die in den §§ 263 und 64 des Entwurfes normirte „gefährliche Drohung" an. Auch die Definition von diesem Delicte ist in letzterem zu weit gefaßt. Das Erforderniß der Rechtswidrigkeit der angedrohten Benachtheiligungen durfte in derselben nicht ausgelassen werden. Ein Beleidigter, der seinem Gegner mit einer Klage und damit indirect mit einer „Verletzung an Vermögen, Ehre oder Freiheit" als den muthmaßlichen Folgen der Klage droht, bloß um denselben in „Furcht oder Unruhe zu versetzen", der müßte nach dem Entwurf, um der Auslassung jenes Erfordernisses willen, mit der infamirenden Arreststrafe belegt werden.

Noch mag darauf hingewiesen werden, daß die Strafbestimmungen für die hier besprochenen Delicte, namentlich den Minimalsätzen nach, im Verhältniß zu den für andere Delicte, insbesondere den für den Diebstahl, vorgeschlagenen zu hart sind. Während der Letztere, wenn er weder dem Betrage, noch der Begehungsweise nach qualificirt ist, nur mit Arrest von 1 bis 4 Wochen bestraft werden soll, sind für die geringsten Fälle der Erpressung und beziehungsweise der Nöthigung (von dem Falle der Selbsthülfe ab-

gesehen) 4 Monate bis 1 Jahr Zuchthaus vorge=
sehen, dem Mindestausmaße nach also das Sechszehnfache
der Diebstahlsstrafe. Und selbst für die leichtere Art
der gefährlichen Drohung ist ein vierfach höheres Straf=
maß als für den nichtqualificirten Diebstahl aufge=
stellt. Während der Letztere ferner nur bei einem sehr
hohen Betrage, oder wenn die Begehungsweise im
höchsten Grade qualificirt ist, oder wenn in
beiderlei Hinsicht Erschwerungen vorliegen, als Ver=
brechen behandelt werden soll, sind Erpressung und
Nöthigung (von dem Falle der Selbsthülfe abge=
sehen) unabhängig von allen und jeden Erschwerungen
als Verbrechen qualificirt. Darin ist offenbar keine
Harmonie.

d. Zu den Bestimmungen über den Dieb= stahl insbesondere.

Mehr Befriedigung als die Fassung der zuletzt
behandelten Begriffe gewährt die des wichtigen Dieb=
stahlsbegriffes, wiewohl auch in Betreff ihrer bereits
einige Zweifel angeregt wurden. Des Diebstahls schul=
dig soll nämlich nach § 265 sein, wer eine fremde
bewegliche Sache aus der Gewahrsame eines Anderen
eigenmächtig wegnimmt, um dieselbe sich oder einem
Anderen zuzueignen. Darin ist, worauf schon hinge=
wiesen wurde, die Entwendung einer Sache ohne
Schätzungswerth eingeschlossen. Dagegen ist geltend
zu machen, daß dieser Entwendungsfall in der Regel
von zu geringer Bedeutung sein werde, um dem
Handelnden den mit einer Verurtheilung wegen
Diebstahls sich verknüpfenden unauslöschlichen Makel
aufzuprägen, ausnahmsweise aber zwar bedeutsam er=
scheinen werde, aber nach anderen Rücksichten als der

eigentliche Diebstahl. Man denke an die mittelst Ein-
steigens in eine fremde Wohnung erfolgende Wegnahme eines Briefes und vergleiche den Fall mit
einem auf solchem Wege ausgeführten Cassendieb-
stahl. Es liegt hier wohl mehr als eine bloß quan-
titative Verschiedenheit vor. Auch der rechtswidrige
heimliche Tausch ist in dieser Definition eingeschlossen. Ebenso gewisse Fälle der Selbsthülfe. Von
alledem war bereits zur Genüge die Rede.

In Betreff der Vollendung des Delictes scheint die
Definition nicht jeden Zweifel auszuschließen. Der
Dieb, der die ergriffene Sache in den Räumen des
Bestohlenen versteckt, um sie später daselbst abzu-
holen, hebt damit die Verfügungsgewalt des Letzteren
auf und seine That würde daher nach den ohne
Zweifel richtigen Ausführungen in den R.-Motiven
als vollendeter Diebstahl zu behandeln sein. Allein
läßt sich von ihm sagen, daß er die Sache damit
„aus der Gewahrsame" des Bestohlenen wegnehme?
Vielleicht! doch ist dies anderswo in Frage gezogen
worden und es möchten daher andere, der gesetz-
geberischen Intention zweifellos entsprechende Worte
(„aus der Innehabung wegnimmt", oder auch „der
Verfügungsgewalt entzieht"?) statt der citirten zu
wählen sein.

Der in Frage stehende Titel gehört zu denjenigen,
in welchen sich die Eintheilung der Rechtsverletzungen
in Verbrechen und Vergehen als eine Quelle künst-
licher Unterscheidungen ausweist. Man konnte nicht
Diebstähle von geringerem Betrage allgemein der
Kategorie der Verbrechen einreihen und doch wohl
auch den Gegensatz zwischen höherem und geringerem
Betrage hier nicht ausschließlich entscheiden lassen.

Daher denn das künstliche System der §§ 266—70. Daher diese langathmige Aufzählung von Qualifica= tionsgründen zweiter Ordnung, die in Verbindung mit einem Diebstahlsbetrage von mehr als 10 fl. die Verbrechensqualität herstellen sollen. Von diesen Qualificationsgründen werden die meisten in der An= wendung Zweifel und Schwierigkeiten hervorrufen und jedenfalls auf willkürliche Scheidungen hinaus= führen. Auch ließe sich von einigen darthun, daß sie eher eine mildere denn eine strengere Bestrafung be= treffender Handlungen motiviren würden. So finden sich z. B. die Entwendungen von noch unzubereiteten Erzeugnissen des Bodens anderwärts mehrfach nach milderen Specialgesetzen behandelt, während sie im Entw. unter die qualificirten Diebstähle gezogen werden. Allerdings sind diese Erzeugnisse, so lange sie sich noch mit dem Boden verbunden finden, im Allgemeinen schwer zu sichern; ein Umstand, der jener auszeichnenden Behandlung zu Grunde liegt. Allein es läßt sich in Frage ziehen, ob die expo= nirte Lage eines Gegenstandes, möge dieselbe sich auch in den natürlichen Bedingungen seiner Erzeugung oder seiner Nutzbarmachung begründen, für sich allein einen wahren Qualificationsgrund abgebe; ob nicht vielmehr für die Berücksichtigung dieses Umstandes und die Ausgleichung seiner Bedeutung mit der des besonderen Anreizes zur That, der sich in der gleichen Sachlage begründet, innerhalb eines nicht zu eng be= grenzten Strafrahmens der erforderliche Spielraum gegeben sei. Es ist nämlich darauf aufmerksam zu machen, daß wir in einer Lage der Sache von ge= rade entgegengesetztem Charakter ebenfalls einen Aus= zeichnungsgrund zu finden pflegen. Befindet sich die

Sache unter besonderer Obhut, unter besonderem
Verschlusse, innerhalb einer Einfriedigung 2c., so
sehen wir in ihrer Wegnahme die Aeußerung einer
besonders verwegenen oder frechen Gesinnung und
um deßwillen eine strengere Bestrafung derselben
motivirt. Es kann nun nicht wohl zugleich das Vor-
handensein und zugleich die Abwesenheit einer besonderen Schutzwehr Qualificationsgrund sein. Vielmehr muß sich zur besonderen Schutzlosigkeit der
Sache eine besondere Schutzwürdigkeit gesellen, wenn
es motivirt sein soll, ihr durch eine ausgezeichnet
strenge Bestrafung sie betreffender Vergehen einen
„höheren Frieden" zu verleihen. Hienach aber dürften
die Qualificationsgründe h bis v des § 268, welche
sich fast ausschließlich dem besprochenen Gesichtspunkte
der besonderen Exponirtheit des Gegenstandes subsumiren, sehr zu reduciren sein. Bei dem oben her-
vorgehobenen Falle der Entwendung noch nicht los-
gelöster Bodenerzeugnisse kommt noch der Umstand
in Betracht, daß diese Gegenstände noch nicht in die
nahe Verbindung zur Persönlichkeit eines bestimmten
Berechtigten getreten sind, welche durch den auf sie
gerichteten Fleiß bei Einscheuerung, Verarbeitung derselben 2c. hergestellt wird. Dies Moment ist trotz
seiner scheinbar sehr spiritualistischen Natur für das
gemeine Urtheil von nicht geringer Bedeutung. Die
ärmere Classe sieht im Diebstahl von noch nicht ge-
schlagenem Holze, von Waldstreu u. dgl., von
Früchten vom Baume oder von gefallenen Früchten
u. s. f. kaum ein Unrecht. Wenn nun auch der Ge-
setzgeber den damit bezeichneten Standpunkt natürlich
nicht zu adoptiren hat, so hat er doch überall darauf
Bedacht zu nehmen, daß eine Bestrafung und das

Maß derselben im Volke als gerecht empfunden werden können, und es ist deßhalb die nach zweifellosem
Volksurtheile leichtere That nicht als eine vorzugs-
weise schwere zu behandeln. Vgl. in dieser Beziehung
auch den § 250 des Referentenentwurfes, welcher
Entwendungen der fraglichen Art, wenn sie den Betrag eines Guldens nicht übersteigen, nur als Polizei-
vergehen geahndet sehen will.

Auffallend ist auch, daß man an der Subsumtion
der Verletzungen des Occupationsrechtes an Wild unter
den Diebstahlsbegriff festhält und diesen nur sog.
Diebstahl sogar als qualificirten Diebstahl behandelt.
Das Gesetz selbst darf nicht ein Beispiel von In-
exactheit in der Handhabung seiner Begriffe geben.
Ein solches liegt hier aber unzweifelhaft vor. Denn
von den Merkmalen des vom Entwurfe aufgestellten
Diebstahlsbegriffes fehlen beim sog. Wilddiebstahle
nicht weniger als zwei. Das herrenlose Wild, das
den Gegenstand desselben ausmacht, ist nicht „fremde“
Sache und nicht in „der Gewahrsame eines Anderen“.

Auch entspricht dieser formell juristischen Verschiedenheit zwischen dem sog. Wilddiebstahle und
eigentlichen Diebstahle oder, allgemeiner gefaßt, zwischen der Verletzung ausschließlicher Anrechte auf den
Erwerb des Eigenthums an bestimmten Sachen und
der Verletzung begründeter Eigenthumsrechte m. E.
auch eine Verschiedenheit in der öffentlichen Beurtheilung derselben. Wenn in den vorhin besprochenen Fällen (der Entwendung noch unzubereiteter
Bodenerzeugnisse) die Beziehung des Gegenstandes
der Aneignung zur Persönlichkeit des Berechtigten
nicht greifbar hervortritt, so ist bei der rechtswidrigen

Aneignung herrenlosen Wildes oder anderer Gegen=
stände ausschließlicher Occupationsberechtigung eine
solche unmittelbare Beziehung zur Person des Be=
rechtigten noch gar nicht vorhanden, und dieser Um=
stand macht sich dem unreflectirten Gefühle gegen=
über nicht weniger als der juristischen Analyse gegen⸗
über geltend.

e. **Zu den Bestimmungen über die Unter=
schlagung insbesondere.**

Die Unterschlagung verhält sich als ein Comple=
ment zum Diebstahle. Wer sich fremde Sachen eigen=
mächtig zueignet, der „unterschlägt“, falls nicht die
Merkmale des Diebstahls vorliegen. Der Entwurf
huldigt thatsächlich dieser Auffassung, hat jedoch
einer solchen Fassung des Begriffs der Unterschlagung,
in welcher jenes Verhältniß derselben zum Diebstahle
ausdrücklich statuirt würde, eine positive Fassung
vorgezogen, indem er die verschiedene Weise, in wel=
cher abgesehen vom Diebstahle die Innehabung einer
fremden Sache gewonnen werden kann, in taxativer
Weise und ohne Bezugnahme auf den Diebstahl zu
bestimmen sucht (§ 271).

Es fragt sich, ob es zweckmäßig sei, sich die
Aufgabe in dieser Weise zu erschweren. Wie leicht
entstehen bei diesem Verfahren Lücken, welche bei der
Gesetzanwendung zu gewaltsamen Interpretationen
verführen! Auch die in Frage stehende Definition
läßt solche Lücken. Alle diejenigen Fälle, wo die verun=
treute Sache in die Hände des Delinquenten auf ge=
waltsame oder eigenmächtige, jedoch nicht diebische
Weise gelangt war, sind unberücksichtigt geblieben.

Hienach würde z. B. der Fall, wo die Sache

einem Betrunkenen, um denselben wehrlos zu machen,
oder einem auf fremdes Gebiet Eingedrungenen als
Pfändungsgegenstand abgenommen und nachher unter-
schlagen wurde, als Unterschlagung nicht zur Bestrafung gezogen werden können. Denn die Sache war
hier weder anvertraut, noch gefunden, noch in Folge
einer Geschäftsführung, noch durch Zufall oder Irrthum (§ 271) dem Unterschlagenden zugekommen.
Statt uns nun hier um Vollständigkeit zu bemühen,
wobei wir Gefahr laufen, in die Begriffssphäre anderer Delicte überzugreifen, ohne doch das Ziel mit
Sicherheit zu erreichen, würde es einfacher sein, den
Begriff, jenem negativen Verhältnisse der Unterschlagung zum Diebstahle gemäß, etwa so zu fassen: Wer
sich außer dem Falle des Diebstahls (und bez.
Raubes) in eigenmächtiger Weise eine fremde bewegliche Sache zueignet, um damit sich oder Dritten
einen rechtswidrigen Vermögensvortheil zuzuwenden,
begeht... — Einer besonderen Erwähnung des Betruges,
wie sie sich in der Definition des Entwurfes findet,
bedarf es nicht.

Wo immer eine eigenmächtige Zueignung der fremden Sache vorliegt, da ist der Begriff dieses letzteren
Delictes von selber ausgeschlossen. Denn dem Betrug
ist es charakteristisch, daß bei ihm die Zueignung der
fremden Vermögensstücke in formeller Uebereinstim-
mung mit dem Willen des Berechtigten, auf Grund
einer freiwilligen Disposition desselben, also nicht in
eigenmächtiger Weise erfolgt. — Die Worte: „einen
rechtswidrigen Vortheil zuzuwenden" würden statt
der im Entw. gebrauchten: „rechtswidrig einen Vortheil zuzuwenden" zu setzen sein; weil die letzteren
die in Form der Unterschlagung auftretende Selbst-

hülfe nicht ausschließen, ohne daß bestimmt zu sagen
wäre, was sie sonst ausschließen sollen.

Im zweiten und dritten Absatz des § 271 werden
zum Theil im Anschluß an das geltende Recht, meh-
rere Rechtsverletzungen der Unterschlagung gleichgestellt,
welche ihrer juristischen Natur nach zum Theil eine
andere Stellung beanspruchen möchten. Insbesondere
gilt dies von dem Verbrauch, der Veräußerung oder
Verpfändung einer verkauften und bereits bezahlten,
jedoch noch nicht übergebenen Sache. Wir haben es
da mit einer sehr graven Verletzung eines obligato-
rischen Anspruches zu thun, welche sich unter gewissen
Voraussetzungen allerdings als criminelles Unrecht
darstellen, dann aber nicht unter den Begriff der
Unterschlagung, sondern unter den des Betruges und
eventuell den der weiterhin zu besprechenden subsi-
diären Vermögensbeeinträchtigung fallen wird. Unabhängig von den Merkmalen dieser letzteren Delicte
wird hier eine Bestrafung nicht mehr motivirt sein
als in Bezug auf sonstige Vertragsverletzungen.

Mit mehr Recht ist die Veräußerung einer ver-
pfändeten Sache seitens des im Besitz gebliebenen
Schuldners der Unterschlagung im eig. Sinne an
die Seite gestellt, insofern es sich hier nicht bloß um
eine Verletzung obligatorischer, sondern zugleich um
eine Verletzung dinglicher Rechte handelt Gleichwohl
möchte es richtiger sein, auch auf diese Erweiterung
des Begriffs der Unterschlagung zu verzichten. Der
bezeichnete Fall der Verletzung der Rechte des Pfand-
gläubigers ist offenbar anderen Fällen der Verletzung
dieser Rechte (Fällen, wo der Eigenthümer nicht im
Besitz der Pfandobjecte geblieben ist) zunächst ver-
wandt, ohne daß sich der Begriff der Unterschlagung

füglich auch auf die letzteren ausdehnen ließe. Davon abgesehen erscheint jene Identification um deßwillen als bedenklich, weil sich die nach dem Werthe des veruntreuten Gegenstandes abgestuften Strafsätze nicht ohne Gewaltsamkeit auf die Veruntreuung des Pfand-objectes anwenden lassen. Denn der Werth des Letzteren giebt nicht wie der Werth der fremden Sache bei der eigentlichen Unterschlagung einen Maßstab für den dem Berechtigten zugefügten Nachtheil ab. Jener Werth des Pfandobjectes kann den Betrag der Forderung des Berechtigten weit übersteigen. Auch bedingt die Entziehung des Pfandobjects keineswegs den vollständigen Verlust des Betrages dieser Forde-rung. Die Entziehung des Deckungsmittels ist nicht identisch mit der Entziehung des Gegenstandes, auf welchen sich die Deckung bezog. Bei der Aufstellung gleicher Strafsätze für beiderlei Fälle aber werden dieselben thatsächlich als identisch behandelt.

In redactioneller Beziehung möchte der Eingang des dritten Absatzes des § 271 („diese Handlungs-weise" ...) eine Aenderung erfordern, da die in diesem Abschnitte charakterisirte Handlungsweise mit der in den vorausgehenden Abschnitten charakterisirten weder ihren äußeren, noch ihren inneren Merkmalen nach identisch ist. —

Mit Recht sind die Strafsätze für die Unterschlagung niedriger gegriffen als beim Diebstahle, da sich jenes Delict an Allgemeingefährlichkeit mit dem letzteren nicht vergleichen läßt. Doch erscheinen dieselben der Fundunterschlagung, der leichtesten Species dieser Verbrechensart, gegenüber immer noch als verhältniß-mäßig streng, und möchte dieselbe in den die Be-strafung der Unterschlagungen betreffenden Paragraphen überhaupt eine besondere Berücksichtigung verdienen (siehe oben sub a).

f. Zu den Bestimmungen über den Betrug insbesondere.

Sehr anzuerkennen ist, daß der Entwurf den Begriff des Betruges auf Vermögensverletzungen einschränkt und damit diesem Verbrechen einen bestimmten Charakter verleiht, ohne welchen eine Aufstellung bestimmter Normen für dasselbe keinen rechten Sinn hat.

Daß hiebei das Erforderniß eines Vermögensnachtheils auf Seiten des Betrogenen absolut, nicht bloß in alternativer Verbindung mit einem Vermögensvortheil auf Seiten des Betrügers aufgestellt wird, ist nur consequent, denn der Genuscharakter eines Verbrechens bestimmt sich nach dem Gute, gegen welches es gerichtet ist. Wie wir nicht von einem Morde sprechen können, welcher niemandes Leben antaste, so nicht von einem Eigenthumsverbrechen, welches niemanden in seinem Eigenthum schädige. Ziehen wir den Betrug daher in die Kategorie der Eigenthumsverbrechen, wie es gefordert ist, so müssen wir eine Eigenthumsverletzung unbedingt, nicht bloß, wie es von manchen Gesetzen geschieht, in alternativer Verbindung mit irgendeinem anderen Erfolge, in seinen Thatbestand aufnehmen.

Was speciell den rechtswidrigen Vortheil betrifft, welchen man mehrfach in dieser Weise der rechtswidrigen Benachtheiligung zur Seite gestellt hat, so ist derselbe nicht in eine alternative, sondern in eine cumulative Verbindung mit der Letzteren zu bringen, d. h. es ist zu fordern, daß der Betrüger die Ver-

mögensobjecte, die er dem Anderen entzieht, sich selber
aneigne, wie dies seitens des Diebes, des Räubers,
des Unterschlagenden . . . geschieht. Erst mit einer
solchen Beschränkung des Betruges auf eigennützige
Vermögensverletzungen würde sich, wie bereits oben
(sub a) ausgeführt wurde, die Parallelisirung desselben mit den letztgenannten Verbrechen vollständig
rechtfertigen. Der nicht eigennützige Betrug, die bloße
Benachtheiligung jemandes in seinem Vermögen
durch ein fraudulöses Benehmen, welche der Entwurf
mit dem eigennützigen Betruge zusammenfaßt, stellt
sich ihrem rechtlichen Charakter nach der im 15. Titel
behandelten vorsätzlichen Beschädigung fremden Eigenthums zur Seite und wäre in Verbindung mit dieser
zu behandeln.

Wie in Bezug auf den Gegenstand des Angriffs,
so ist auch in Bezug auf die vorauszusetzende Form
des Angriffs der Begriff des Betruges im Entwurfe
enger gefaßt als im geltenden Rechte. Auch hier mit
Grund, jedoch auch hier, ohne daß in der fraglichen
Richtung vollständig genug geschehen wäre.

Das geltende Strafgesetz nämlich schließt in seine
Definition des Betruges auch die bloße (listige) Benützung eines fremden Irrthums, den man nicht selbst
hervorgerufen hat oder durch sein Benehmen zu un-
terhalten sucht, ein und geht damit über die natürlichen Grenzen dieser Kategorie unnützer und gefähr-
licher Weise weit hinaus. Zahlreiche Handlungen, welche
nach allgemeiner Auffassung nicht einmal bürgerliches,
auf dem Civilwege zu verfolgendes Unrecht enthalten, werden damit in diese Verbrechenskategorie her-
eingezogen. So würde derjenige, welcher Staatspa-
piere oder beliebige sonstige Gegenstände unter für-

3*

ihn günstigen, dem Verkäufer aber ungünstigen und
diesem listiger Weise verschwiegenen Conjuncturen auf-
kauft, nach der Betrugsdefinition des geltenden Rechts
zum Verbrecher gestempelt werden können! Natürlich
entfaltet ein solcher Begriff in der Praxis nicht alle
die Härten, welche, theoretisch betrachtet, in ihm eingeschlossen liegen. Allein es geschieht überall auf Kosten einer gleichmäßigen und sicheren Justiz, wenn
das Gesetz praktisch nicht realisirbare Begriffe aufstellt.

Der Entwurf nun substituirt der Benützung den
Mißbrauch des fremden Irrthums und stellt ausdrücklich als Erforderniß auf, daß dieser Irrthum als
Bestimmungsgrund der Handlung des Irrenden erkannt wurde. Allein auch damit dürfte die richtige
Begrenzung des Thatbestandes noch nicht gewonnen
sein. Wo zwischen dem Irrthum und der Handlung
des Irrenden ein Causalzusammenhang nicht besteht,
da kann überall nicht von einer Benützung des Ersteren die Rede sein, und wo dieser Causalzusammenhang nicht erkannt wurde, jedenfalls nicht von einer
„listigen“ Benützung. Als Mißbrauch aber wird sich
die Benützung des fremden Irrthums stets bezeichnen
lassen, wenn sich dieselbe moralisch nicht rechtfertigen
läßt. Abgesehen davon aber, daß die moralische Beurtheilung der Gewöhnungen des Verkehrs und der
klugen Benützung seiner Formen bei verschiedenen
Individuen eine sehr verschiedene ist, kann nicht davon die Rede sein, daß mit dem moralischen Tadel
ohne weiters eine Verhängung crimineller Strafen
begründet sei. Es wäre zwar verdienstlich, die laxen
Gewöhnungen des Verkehrs auf ein sittliches Maß
zurückzuführen, wenn dies möglich wäre.

Aber mag es sonst wie immer hiemit bestellt sein,
mit dem schwerfälligen Apparate der Criminaljustiz
werden wir auf diesem Wege nicht viel ausrichten.
Wir werden vielmehr durch eine rigoristische Ausdeh=
nung der Strafrechtsgrenzen hier leicht eine Reaction
hervorrufen, die der Achtung vor den Grundsätzen,
die man damit zu vertreten denkt, nichts weniger als
günstig sein würde.

Das „Betrügen" schließt nach natürlicher Auf=
fassung das „Lügen" ein. Wo das Benehmen des
Handelnden an sich kein wahrheitswidriges und auf
Irreführung des Anderen nicht angelegt ist, wo jener
nur die für ihn günstigen Wirkungen des fremden
Irrthums acceptirt oder auch die für den Anderen
in Folge des Irrthums mißliche Situation sich nach
Kräften zunutzemacht, da liegt ein verbrecherischer Be=
trug nicht vor, mag das Verfahren auch als ein
nicht ehrenwerthes erscheinen und mag das Civilrecht
auch unter gewissen Voraussetzungen dem Benach=
theiligten seine Hülfe in Aussicht stellen.

Ein Weiteres fordern hier die Bedürfnisse des
Verkehrslebens nicht. Der natürliche Gegensatz der
Interessen weist hier im Allgemeinen darauf hin, die
Beseitigung von Irrthümern, die Ergänzung mangel=
hafter geschäftlicher Kenntnisse nicht von der Gegen=
partie im Geschäfte zu erwarten. Stellen wir daher
ein auf Täuschung berechnetes Benehmen als allge=
meines Requisit des strafbaren Betruges auf und
werfen wir den Passus von dem bloßen Mißbrauch
fremder Irrthümer unbedenklich über Bord.

Uebrigens ist mit den bisher bezeichneten Requisiten
das Gebiet des strafbaren Betrugs noch nicht allseitig
begrenzt. Nicht jede Aneignung fremder Vermögens=

objecte vermittelst eines auf Täuschung berechneten
Benehmens dürfen wir nach den unser Verkehrsleben
beherrschenden Anschauungen als Verbrechen behandeln.
Wer verfälschte Weine als unverfälschte, oder in Sachsen
gewachsene Weine für Rhein=Weine, oder wer einen
alten Klepper als ein junges Roß an Mann zu
bringen weiß, der gilt uns im Allgemeinen noch nicht
als ein dem Zuchthaus zu überweisender Verbrecher.
Der Entwurf fordert mit Bezug auf diese Anschauungen
gleich dem geltenden Rechte „listige“ Vorstellungen
oder Handlungen. Allein es ist damit ein Merkmal
von ziemlich unsicherem, der verschiedensten Deutung
fähigen Charakter aufgestellt. Geben wir demselben,
wie es mehrfach geschehen ist (vergl. die M. M.
S. 148 oben), eine subjective Deutung, so ist damit
die geforderte Beschränkung des Begriffs nicht gewonnen; wir werden mit demselben dann auf das
den Betrug überhaupt gegenüber von den gewaltsamen
Verbrechen psychologisch charakterisirende Moment
hingeführt.

Geben wir dem Merkmal dagegen, wie es wohl
das Richtigere ist, eine objective Deutung, d. h. fordern wir damit, daß die angewendeten Täuschungs=
mittel raffinirte, schwer als solche zu erkennende,
welche auf das Erkenntnißvermögen des Betrogenen
einen gewissen Zwang ausüben mußten, gewesen seien,
so beschränken wir umgekehrt den Begriff allzu sehr.
Danach würde z. B. derjenige, der einem dummen
Jungen Kieselsteine für Diamanten verkauft, ohne
dabei irgendeines besonderen Täuschungsapparates zu
bedürfen, straflos ausgehen. Die Aufstellung des so
verstandenen Erfordernisses der List würde nur gerecht=
fertigt sein, wenn es, wie Manche angenommen haben,

gesetzgeberische Weisheit wäre, die Dummköpfe eines
strafgesetzlichen Schutzes zu berauben und demgemäß
Prellereien für straflos zu erklären, welchen gewitzigte
Leute nicht verfallen sein würden. Aber diese Art von
Ungleichheit vor dem Gesetze hat zu viel Barbarisches
an sich, als daß man gewillt sein könnte, sie zu sanc-
tioniren. Mit gleichem Rechte könnte man einen an
Schwächlingen begangenen Raub, einen an Zerstreu-
ten begangenen Diebstahl für indifferent erklären. —
Man kann sich hingegen und zu Gunsten des Erfor-
dernisses der „listigen" Vorspiegelungen nicht auf die
bisherige Rechtsübung berufen. Es ist wahr, daß die
Handhabung des fraglichen Begriffs bisher zu einer
Exploration der Dummköpfe durch die Klugen nicht
Veranlassung gegeben hat.

Allein es ist eben so wahr, daß die Praxis in dem
besprochenen Merkmale nichts weniger als einen sicheren Maßstab für die Unterscheidung strafbarer und
strafloser Uebervortheilungen in der Hand hatte. Zwar
behaupten die M. M., daß der Begriff der List durch
die Praxis allgemein geläufig und genau festgestellt
sei (S. 147).

Allein die Mittheilungen, die von den M. M. weiterhin (S. 148) über die Auslegung desselben (allerdings zunächst in seiner Beziehung auf die bloße Benützung fremden Irrthums) gemacht werden, bestätigen
im Gegentheile das Urtheil des Verfassers. Wäre der
fragliche Begriff in der behaupteten Weise sichergestellt,
so könnte derselbe nicht, wie es nach den M. M.
vorkommen soll, vollständig hinweginterpretirt werden
und überall nicht „die größten Schwierigkeiten machen"!

Wollen wir das gesuchte Unterscheidungsmerkmal
zwischen criminellem Betrug und solchen Uebervor-

theilungen, welche entweder überhaupt keine rechtliche
Verantwortlichkeit oder wenigstens keine strafrechtliche
begründen sollen, im Gesetze selbst und mit Exactheit bezeichnen, so werden wir einer selbstständigen
Formulirung desselben Raum geben müssen. Es sei
vergönnt, die Ergebnisse eingehender Untersuchungen
über diesen Punkt hier in Kürze darzulegen, nachdem
der Begriff des Betruges, wie er sich ohne Rücksicht
auf die fragliche Abgrenzung fassen ließe, bestimmt
worden ist.

Als Betrüger möchte im Allgemeinen zu bezeichnen sein:
Derjenige, welcher jemanden durch ein auf Täu-
schung berechnetes Verhalten zu einer Verfügung über
Vermögensrechte veranlaßt und dadurch sich, zum
Nachtheile des Getäuschten oder eines (von dessen
Verfügungen abhängigen) Dritten, einen rechtswidri-
gen Vermögensvortheil verschafft.

Beim gewinnsüchtigen Betruge geht wie bei Diebstahl, Erpressung und Unterschlagung das Object des
Verbrechens aus der Herrschaft des Verletzten in die
des Verletzenden über. Es kann dies aber in der
Form des Betruges nur stattfinden, wenn der Ge-
täuschte und der Benachtheiligte entweder eine und
dieselbe Person sind oder in einem solchen rechtlichen
Verhältnisse zu einander stehen, daß der Erstere über
Vermögensstücke des Letzteren verfügen zu können in
der Lage ist. Darauf beziehen sich die Worte: „von
dessen Verfügungen abhängigen Dritten" in der ge-
gebenen Definition. — Ein „rechtswidriger" Vortheil ist in derselben gefordert, um die durch Täuschung vermittelte Realisirung von Rechtsansprüchen
(die Selbsthülfe in der Form des Betruges) vom
Betruge auszuschließen.

Die gegebene Definition nun würde durch die Bestimmung zu ergänzen sein, daß eine Bestrafung nur
einzutreten habe, wenn das fragliche Verhalten:

1. eine civilrechtliche Verbindlichkeit zum Ersatze
oder zur Zurückgabe des Entzogenen erzeuge;

2. auf Vereitelung der Geltendmachung dieser Verbindlichkeit und zwar in einer Weise gerichtet sei,
welche in den Gewöhnungen des Verkehrs eine Ent-
schuldigung nicht findet.

g. Zu den Bestimmungen über die Eigenthumsbeschädigung insbesondere.

Die bisher besprochenen Verbrechensarten sind durch
zwei Elemente charakterisirt: einen rechtswidrig herbeigeführten Verlust von Vermögenswerthen auf der
einen Seite und einen rechtswidrig herbeigeführten
Gewinn dieser Werthe auf der Gegenseite. Ihnen
stellen sich solche das Vermögen betreffende Rechtsverletzungen gegenüber, bei welchen nur das erstere Element
sich findet, also Eigenthumsbeeinträchtigungen, welche
nicht zugleich Anmaßungen fremden Eigenthums sind.

Der Entwurf hat keine allgemeine Strafbestimmung für dieselben, nimmt vielmehr in Uebereinstim-
mung mit dem bisherigen Rechte nur eine einzelne
hiezu gehörige Species: die vorsätzliche Beschädigung
fremden Eigenthums, in das System seiner Verbre-
chensbegriffe auf.

Sehen wir zunächst davon ab, ob diese einer löb-
lichen Vorsicht entspringende Beschränkung nicht beachtenswerthen Bedenken unterliege, und prüfen wir die
Behandlung, welche den hienach zur Berücksichtigung
kommenden Eigenthumsbeeinträchtigungen zu Theil wird.

Es ist oben auf die Bedeutung des bei ihnen feh-
lenden Merkmals der rechtswidrigen Zueignung des

dem Anderen Entzogenen hingewiesen worden (sub a).
Die durch dasselbe charakterisirten Vermögensverletzungen erscheinen als gemeingefährlicher und von entschiedener infamirendem Charakter. Ist dies aber der
Fall, so ist die im Entwurfe sich findende Parallelisirung
der Eigenthumsbeschädigung mit dem Diebstahle entschieden zu verwerfen. Es würde sich statt dessen eine
mildere Behandlung der Ersteren und zwar in drei-
facher Beziehung empfehlen: a. hinsichtlich des Um-
fanges der gedrohten Freiheitsstrafen; b. in Betreff
der anzuwendenden Strafart, indem eine allgemeine Drohung infamirender Strafen hier nicht passend erscheint.

Die aus Muthwillen begangene Sachbeschädigung
so wie die im Affect begangene weisen auf eine eigent-
lich ehrlose Gesinnung nicht hin.

Diesen wichtigen und keineswegs eine Ausnahme
bildenden Fällen gegenüber geht es nicht an, auf das
Milderungsrecht des § 90 hinzuweisen, das eben nur
auf singuläre Fälle zu beziehen ist. Die Sachbeschädigung gehört hienach zu denjenigen Delicten, in Bezug auf welche sich die Behandlung, welche im Entwurfe den Ehrenfolgen zu Theil wird — die feste
Verbindung derselben mit den schwereren Strafen und
die Art, wie das richterliche Ermessen hiezu gestellt
wird — als eine unvollkommene erweißt. c. In Betreff der Verfolgung von Amts wegen. Dieselbe ist
hier allgemein angeordnet, während gerade bei der
Eigenthumsbeschädigung eine Uebertragung der Initiative zur Verfolgung auf den Privatverletzten wenig
bedenklich sein würde.

Die Gründe, welche bei Mißhandlungen und leich-
ten Körperverletzungen für einen Ausschluß der ex
officio-Verfolgung sprechen, greifen im Allgemeinen

auch bei der Eigenthumsbeschädigung Platz: nämlich, daß die That in den besonderen Beziehungen zwischen dem Verletzenden und dem Verletzten ihre Erklärung zu finden und ihren unmittelbaren Wirkungen nach innerhalb dieser Sphäre zu verlaufen pflegt.

Dies ist beim Diebstahl anders, indem derselbe auf eine gegen fremdes Eigenthum überhaupt gerichtete feindselige Gesinnung schließen läßt und daher sofort ein Gefühl der Unsicherheit des Besitzes in engeren oder weiteren Kreisen verbreitet. Die Eigenthumsbeschädigung würde hienach, und zwar ohne Rücksicht auf den Betrag der Verletzung, zum „Antragsverbrechen" zu machen sein. Eine Abgrenzung nach dem Betrage würde hier, wie in den R.-Motiven mit Recht hervorgehoben wird, zu entschiedenen Unzuträglichkeiten führen. Bei höherem Betrage wird sich der Verletzte zur Verfolgung regelmäßig veranlaßt sehen. Es sei denn, daß ihm privatim eine zufriedenstellende Genugthuung geboten werde, in welchem Falle sich die Gesammtheit im Allgemeinen mit dem Einzelnen zufrieden geben kann. Nur wo ein ihre Interessen unmittelbar berührender Auszeichnungsgrund vorliegt, wird dies anders sein. So wenn die That zugleich die Merkmale einer Störung des öffentlichen Friedens an sich hat oder sich als eine gemeingefährliche darstellt, in welchem Falle sie zugleich unter die Begriffe anderer, stets ex officio zu verfolgender Delicte fällt. So ferner in dem Falle, wo sie gegen dem Gottesdienste gewidmete Gegenstände gerichtet ist, wenn man diesen Fall als einen praktischen zu betrachten hat.

Nach gleichen Grundsätzen wie die vorsätzlichen Eigenthumsbeschädigungen sind in der Hauptsache auch

die fraudulösen (durch Täuschung oder List vermittel-
ten) Vermögensverletzungen, welche nicht zugleich auf
die Aneignung der fremden Vermögensobjecte gerichtet
sind (wohin z. B. die Schädigung jemandes in
seinen Vermögensinteressen durch die Ausstreuung
falscher Gerüchte gehört), zu behandeln. Nur in einem
Punkte sind für dieselben die für den gewinnsüchtigen
Betrug entwickelten Gesichtspunkte maßgebend. In
Betreff der Grenze nämlich, welche das criminelle
Unrecht von indifferenten und von solchen Einwirkun-
gen auf die Vermögensverhältnisse Anderer, welche
im Civilprocesse ihre genügende Ausgleichung erfahren,
trennt. Diese Grenze ist bei dieser fraudulösen Benachtheiligung natürlich nicht weiter hinauszurücken
als bei dem auf rechtswidrigen Gewinn gerichteten
eigentlichen Betruge. Es würden demnach die oben
bezeichneten Merkmale einer strafbaren Einwirkung
auf fremde Vermögensrechte hier zu reproduciren sein.

Ob die Bestimmungen der in Rede stehenden Paragraphe noch auf andere Vermögensverletzungen aus-
zudehnen wären? Der Entwurf handelt nur von
Schädigungen fremden Eigenthums und schließt
somit Fälle aus, wo die Handlung gegen fremden
Mißbrauch, gegen fremde Pfandrechte, obligatorische
Rechte u. s. f. gerichtet ist. Nach der dermaligen Ge-
staltung unseres Vermögensverkehrs, wonach gar
häufig ein Nichteigenthümer das größere oder selbst
das ausschließliche Interesse an der Integrität eines
Gegenstandes hat, möchte es sich bezweifeln lassen,
daß jene Beschränkung des Strafgebots auf Eigen-
thumsverletzungen gerechtfertigt sei. Daß in jenen
anderen Fällen stets der Begriff eines anderen Delictes
erfüllt sei, ist nicht anzuerkennen. Die Handlung des

Eigenthümers, z. B. der seine mit Pfandrechten über-
lastete Sache anzündet, in der Absicht, seine Gläubiger zu benachtheiligen, fällt unter keinen der früher
besprochenen Delictsbegriffe.

Die Bestimmungen des Entw. sind ferner beschränkt auf Beschädigungen fr. Eigenthums, wodurch
ebenfalls zahlreiche Vermögensbeeinträchtigungen aus-
geschieden werden, wie z. B. die rechtswidrige An-
maßung des Gebrauchs einer fremden Sache, die Benachtheiligung jemandes durch die Veruntreuung anvertrau-
ter Fabrikgeheimnisse ꝛc.; ohne daß für diese Ausschei-
dung durchschlagende innere Gründe zu erbringen wären.

Eine Erweiterung des im Entw. sich findenden
Begriffs in den beiden soeben bezeichneten Richtungen
würde uns auf ein die fraudulösen Vermögensverletzungen
mitumfassendes Vergehen der „rechtswidrigen Bein-
trächtigung Anderer in ihren Vermögensinteressen"
hinausführen. Demselben würde natürlich eine wesentlich subsidiäre Stellung zukommen.

Es kann jedoch die Einführung dieser ausgedehn-
ten Kategorie in das System unserer Gesetze nur
empfohlen werden unter der Voraussetzung: 1. daß
in Bezug auf alle durch psychische Einwirkung ver-
mittelten Fälle dieser Kategorie die gleichen Bedingungen der Strafbarkeit anerkannt werden wie in
Bezug auf den gewinnsüchtigen Betrug; 2. daß dies
Vergehen nicht allgemein als ein infamirendes behandelt
werde; 3. daß die Minimalsätze der zu drohenden Strafen
niedrig gegriffen werden; 4. daß die Verfolgung von dem
Antrag des Verletzten abhängiggemacht werde.